EL SOÑADOR DE LA TÚNICA DE COLORES

Basilio Guzmán

El soñador de la túnica de colores

ISBN: 9798843171209

ÍNDICE

PREFACIO

Hace varios años publiqué en Facebook un pensamiento sobre la situación que estaba pasando desde hacía tiempo. La idea giraba alrededor de cómo me sentía con la "odisea maldita" que se acercaba a su final.

Escribí sobre el temor que sentía a salir con amargura y resentimiento de la situación adversa que me restó mucho y quería cobrarme más.

Tengo y tenía en mi familia personas que estaban y están siendo consumidas por el rencor y la amargura, pero yo no quería que mi historia terminara de esa forma.

En esos días le había comunicado al pastor Fernando Bentz mi temor sobre lo que se estaba fermentando en mi alma. Abrirle mi corazón con un asunto tan íntimo me hizo sentir aliviado porque reconocía un problema en ciernes y eso me ayudaría a atajarlo a tiempo.

Ese día escribí al respecto en Facebook. "Todavía siento un sabor amargo con todo lo que he estado pasando".

Un amigo de la adolescencia, Ciro Carrillo, comentó mi publicación y mencionó que él se comía un par de dátiles para combatir la amargura de la boca, especialmente en horas de la noche.

Hay algo que Ciro no sabe y lo comparto ahora: ¡Esa fue la clave para escribir este libro!

La sola mención de los dátiles me impulsó a aprender más sobre la planta que produce ese fruto, que también me agrada y, lo que fue un comentario casual, se convirtió en algo más que una respuesta y esa fue la metáfora que me llevó a comprar la datilera con la vida de José, el soñador de la túnica de colores.

Al final de este libro comparto, a modo de apéndice, lo que resumí sobre la datilera, esa palmera del desierto que posee unas características y una historia sorprendentes.

Espero que sea de bendición y aliento para ti como lo fue para mí en ese momento de transición entre la liberación del pasado funesto y el presente que me brindaba la oportunidad de fraguar un futuro de esperanza.

No es la adversidad lo que nos destruye. Los malos tiempos solamente sacan lo que tenemos dentro. ¿Qué saldrá de ti? Estás a tiempo de decidir el final de tu historia.

- Basilio Guzmán

DEDICATORIA

Primeramente, doy gracias al Señor Jesucristo por darme el privilegio de ser parte de su Reino y por haber demostrado que el poder se puede usar para el bienestar de otros. También agradezco a las personas que han hecho posible este libro: mi hermana Rosita Guzmán, Ciro Carrillo, quien invirtió tiempo valioso en mi cuando daba mis primeros pasos en el camino de la fe. Finalmente, reconozco a todos los que aportaron los buenos y malos ejemplos en el uso del poder y la autoridad. Sin ellos no hubiera notado la diferencia.

1

LA FAMILIA DE JOSÉ

Hablemos un poco acerca de las familias disfuncionales. Ésta es una de esas familias que se forman por todos los motivos equivocados. Jacob, la cabeza de la familia, llegó a convivir y procrear con cuatro mujeres diferentes, prácticamente bajo el mismo techo. Imagínate si en una pareja monógama hay problemas, cuánto más complicada sería una relación polígama. Agreguemos a esas relaciones maritales las demás obligaciones contraídas con el trabajo, los hijos y el resto de la sociedad.

La crianza de José se daba en ese ambiente que distaba mucho de ser ideal: sus padres no eran el modelo que él debiera imitar, sus hermanos mayores crecieron con poca o ninguna disciplina y los demás vecinos de ellos tampoco representaban un buen ejemplo. Sin embargo, él tenía una ventaja sobre sus hermanos mayores y no era necesariamente porque era el hijo favorito de su padre.

La etapa de la vida que estaba pasando su padre, tuvo mucho que ver con que José desarrollara un carácter muy distinto al de sus hermanos mayores. La crianza de José fue en el tiempo en que Jacob había regresado de Harán, donde vivió por veintidós años al servicio de su suegro, Labán. Así pues, José gozó de una crianza en la que pasó más tiempo de calidad con su padre, en comparación con sus hermanos mayores, estando expuesto a la experiencia de fe que tuvo Jacob y su dedicación al servicio a Dios.

La base para la formación de un ser humano debe ser tener unos padres que le brinden cuidados, sostén, apoyo y disciplina, entre otras cosas. Por lo menos José pudo gozar de esas cosas más que sus hermanos mayores, además de otras que no derivaron ningún beneficio en la formación de su carácter.

Acariciar la idea de ser más grande y noble que los demás miembros de la familia, era como portar un arma de fuego sin haber recibido la preparación adecuada para usarla responsablemente.

Como veremos en un capítulo más adelante, eso de ostentar el poder no es juego de niños; no es cosa apta para cualquiera que logre una posición de autoridad. Entre los sueños de grandeza y la realización plena de los mismos, se hacía necesario un proceso de preparación para que, al llegar el momento esperado, el muchacho pudiera tener la madurez y la estabilidad emocional y espiritual para utilizar el poder de una manera constructiva.

La forma en que se estaba conduciendo la crianza de José, hasta ese momento, distaba un universo de proveerle la preparación adecuada para el sitial de poder y autoridad con el que había soñado, sin que todavía supiera el tiempo y el propósito de tal exaltación.

LOS PADRES

El trasfondo del padre de la familia se remonta al mismo momento del nacimiento. Siendo gemelo con Esaú, su madre Rebeca recibió la profecía que el menor de los mellizos iba a ser el heredero, contrario a la costumbre. Isaac, el padre de ambos, perdió de vista esa palabra profética y se disponía a dejarle la herencia a Esaú, el mayor, como era la tradición. Pero la madre, Rebeca, siempre se mantuvo del lado de Jacob y, entre ambos, hicieron los arreglos necesarios para defraudar al padre, haciendo que Jacob ocupara el lugar que, por derecho natural, le pertenecía a Esaú.

La "operación suplantación" resultó exitosa, recibiendo Jacob la bendición de hijo mayor y los derechos legales que eso conllevaba. Esaú, siendo el perjudicado por la movida traicionera de su hermano, no se quedaría de brazos cruzados, sino que abrigaba la idea de asesinar a Jacob y recuperar lo que por derecho le correspondía. Esa es la razón por la cual Rebeca intercedió ante Isaac para enviar a Jacob a Harán, a casa de sus parientes, aunque usó como excusa el fastidio que le causaba la conducta de sus nueras cananeas, esposas de Esaú.

Estando en Harán, en casa de su tío Labán, Jacob se enamoró de Raquel, su prima, pero mediante un engaño bien orquestado por Labán, se efectuó la ceremonia nupcial con Raquel, sin embargo, lo enviaron de luna de miel con Lea, la hermana de la novia, al amparo del vino y la oscuridad de la noche. Luego del altercado lógico por haber sido defraudado, Jacob acordó casarse también con Raquel a cambio de trabajar siete años adicionales por ella.

En esos tiempos esas acciones ni siquiera eran reprochadas e incluso las mismas mujeres se sentían vindicadas al ser desposadas, sin importarles ser una entre varias esposas. Hoy día muchas mujeres orientales conservan una noción del matrimonio y la familia, parecido al valor que se le daba en la antigüedad.

Una vez casados, comenzaba la tarea de procrear y criar en ese contexto de poligamia, además de las intrigas del suegro Labán y los cuñados de Jacob.

Parecería un castigo divino que la esposa amada no le pudo dar hijos a Jacob durante los primeros años de matrimonio, sino su hermana y rival, Lea, que tuvo cuatro hijos varones al hilo. La cosa se comienza a complicar mucho más cuando Raquel decide entregarle a su propia esclava a su esposo, para que tuviera hijos como si fueran de ella.

Avanzando rápidamente a la pizarra de anotaciones finales, vemos que Lea parió seis de los doce hijos varones; Raquel solamente dos y los restantes cuatro, fueron de las esclavas de ambas esposas. José y Benjamín eran hijos de Jacob y Raquel, la esposa preferida.

Entre los muchos defectos de Jacob, se le suma el evidente egoísmo que lo llevó a vivir siguiendo la corriente de las circunstancias, sin tener un sistema de valores que lo guiara a establecer límites a sus acciones. Cuando no actuaba por impulsos, lo hacía dejándose llevar por los antojos de sus esposas y por la codicia de su suegro Labán.

Raquel, la madre de José, también tenía sus arrastres. No era una mujer que tuviera fe en el Dios verdadero y hasta llegó a hurtar los ídolos de su padre. Por su parte Lea, mostraba la fe y carácter que su hermana no tenía, atribuyéndole al Señor la dicha de poder procrear y darle hijos a su marido, descendientes que llegarían a heredar las promesas dadas por Dios a sus antepasados.

Al regreso a Canaán, tanto Jacob como su familia, experimentarían una serie de sucesos que los llevarían a encaminarse de mejor forma, pero esos acontecimientos no tuvieron el mismo efecto en todos ellos, sino todo lo contrario: Canaán sería la incubadora de las malas acciones que se apilarían como el heno en un establo.

LOS HERMANOS

Llegados de la metrópolis, ahora los hijos de Jacob tendrían que adaptarse a nuevas costumbres y nuevos desafíos. Once de los doce hermanos, habían nacido en Harán y vivieron la transición al mudarse a Canaán. Rápidamente adoptaron las costumbres de la nueva tierra y, los mayores de ellos, comenzaron a casarse con mujeres cananeas, añadiendo aún más complicaciones a la atribulada familia.

Solamente Benjamín, hijo de Raquel y Jacob, nació en Canaán, pero su madre murió poco después del parto.

Ahora bien, los mayores de los hijos de Jacob desarrollaron tantas malas mañas como pudieron. Obviamente, "lo que se hereda no se hurta" y "de tal palo, tal astilla". Su padre sufrió una transformación positiva al regreso a Canaán, un encuentro con el mismo Dios que lo llevó y trajo de regreso a casa; pero ese evento tuvo poco o ningún impacto en el desarrollo de sus hijos, los cuales andaban como mejor les parecía.

Varias historias de los hechos reprochables de los hermanos mayores, se encuentran en el libro de Génesis. En el capítulo treinta y cuatro se narra la historia de la matanza de Siquem, cometida por los hermanos Simeón y Leví, como venganza por la violación de su hermana, Dina. En al capítulo treinta y cinco se menciona brevemente que Rubén, el hijo mayor de Jacob, tuvo relaciones sexuales con Bilha, la esclava de Raquel y concubina de su padre.

Más adelante, en el capítulo y treinta y ocho está la historia de Judá y Tamar, su nuera. Resulta que Tamar era la esposa de Er, el hijo mayor de Judá, pero quedó viuda sin haber tenido hijos, porque el Señor terminó prematuramente con la vida de su esposo debido a que era perverso. Entonces el hermano del difunto, Onán, debía levantarle descendencia, procreando hijos con la viuda. Pero el hermano hizo lo necesario para evitar embarazar a la cuñada y, como castigo divino, también falleció. Entonces Judá envió a su nuera de regreso a la casa de sus padres, hasta que su hijo menor tuviera edad suficiente para casarse con ella. Pero sus intenciones eran otras, porque temía que el hijo menor también corriera la misma suerte que sus dos hermanos mayores.

Pasado el tiempo, la nuera vio que el matrimonio tan esperado no se efectuaría y se disfrazó de prostituta y tuvo relaciones sexuales con Judá, su suegro, y quedó encinta, teniendo un hijo finalmente. Esos hechos se detallan en la historia de los hijos de Jacob con el propósito de mostrarnos cómo cada uno de ellos, desde el mayor hasta el cuarto hijos, perdieron el derecho a la primogenitura.

Rubén, el primer hijo, perdió el derecho de hijo mayor al deshonrar a su padre; Simeón y Leví, segundo y tercer hijos, respectivamente, perdieron el derecho a la primogenitura por haber actuado a espaldas del padre cuando masacraron a los residentes de Siquem. Ahora quedaba una puerta de oportunidad para Judá, el cuarto hijo, pero estaba en aprietos debido a su conducta errática y a su falta de juicio.

Los hechos de esos hijos mayores y posibles herederos, los iban descalificando para aspirar a convertirse en patriarcas y parecía que la puerta de oportunidad para obtener la primacía sobre sus hermanos mayores, eventualmente recaería sobre José de una manera lógica y natural; pero los planes de Dios se darían de una manera mucho más espectacular, como veremos más adelante.

Debemos entender que, aunque estas historias se encuentran en el Libro Sagrado, no representan en modo alguno, la voluntad ni la santidad de Dios. Son más bien historias de caída y redención, porque en este caso, tuvieron la oportunidad de enmendar sus errores, como veremos más adelante.

Lo que no debemos perder de vista es el propósito de Dios, el cual trasciende tanto las acciones humanas, como el tiempo en que ocurren y el eventual cumplimiento de ese propósito.

Resulta maravilloso ver cómo un plan perfecto se efectúa con la acción de personajes imperfectos, personas que no pasarían una evaluación crítica para ser considerados siquiera para realizar las cosas que realizaron.

Por ahora diré que los planes de Dios no se lograron materializar gracias a esas personas, sino muy a pesar de ellos. Ese fenómeno es tan cierto para aquellos hombres de la antigüedad como para nosotros, en este tiempo que nos ha tocado vivir.

2

SUEÑOS DE GRANDEZA

Ya pudieras imaginar el impacto que recibieron los hermanos mayores de José al escucharlo relatar sus sueños. En uno de ellos, pudo ver cómo el sol, la luna y once estrellas se inclinan reverentemente, ante una estrella de menor magnitud. Como si eso no fuera suficiente injuria ¡el sueño se dio en dos ocasiones! El joven José, se los contó a sus hermanos y a su padre, causando en ellos gran desasosiego, furia y enojo.

José era el undécimo de doce hermanos varones; era prácticamente un mocoso, comparado con sus diez hermanos mayores. En nada le ayudaba el hecho de ser el hijo favorito de su padre, porque lo procreó con Raquel, su esposa amada.

Quizás Jacob quiso redimir todo el descuido en la crianza de sus hijos mayores brindándole una atención especial y expresando un cariño excesivo por José, algo que metió en serios problemas al muchacho con sus hermanos mayores. Y no era un chismecito de niños, sino que el asunto iba en "crescendo", con enormes visos de que la cosa iba a terminar en tragedia.

Ahora, en ese contexto celos, envidia y creciente malestar entre los hermanos mayores, viene el muchacho con sus sueños de grandeza y no solo sería alcanzar notoriedad, algo que sería tolerable, sino que su grandeza representaría la humillación de los hermanos mayores y la humillación de sus propios padres ante su soñada exaltación.

Tradicionalmente, el hijo mayor o primogénito, es el heredero forzoso del patriarcado familiar. Eso se hacía de manifiesto cuando el padre, el patriarca, le otorgaba en vida una herencia con doble valor que la que les otorgaba a los demás herederos.

Todos los hijos del patriarca se allanaban a esa tradición, sin ningún tipo de reproche. Era la ley de la tierra y todos la acataban sin reparos, ocupando su lugar en la familia, conformes con el derecho que les correspondía a cada cual según el orden de nacimiento.

Los sueños de José eran una flagrante violación del orden establecido por la tradición y su actitud al respecto podía interpretarse como una usurpación de los derechos de primogenitura, en este caso los derechos de Rubén, el hermano mayor.

Vimos en el capítulo anterior cómo Jacob, mediante engaños y con el apoyo de su madre, se alzó con la primogenitura de su hermano gemelo, Esaú, que era mayor que él por nacer algunos minutos antes.

El asunto era una causa posible de homicidio, porque ser el patriarca del clan o familia, era una posición prestigiosa y privilegiada. Ahora José con sus sueños de grandeza, iría a repetir la historia.

SUEÑOS REPETIDOS

Fueron dos los sueños que, aunque con simbología distinta, tenían el mismo significado. Para colmar la copa del malestar de sus hermanos mayores, debido al favoritismo de su padre para con él, les contó ambos sueños en todos sus detalles. La interpretación era tan fácil que los hermanos pasaron rápidamente de ser oyentes pasivos a convertirse en indignados agresivos.

Una de las cosas que las personas no pueden manejar bien es el poder, ya sea económico, político o de cualquier otra índole y para un muchacho como José, que gozaba del favor incondicional de su padre, la sola noción de llegar a ser superior a sus hermanos, como veía en sus sueños, era garantía de que se le subirían los humos a la cabeza.

Ni siquiera podía alcanzar a ver la forma y manera en que sus sueños se convertirían en realidad, ya comenzaba a pavonearse entre sus hermanos con la sola idea de que eso sucedería así porque sí.

Aprendemos más tarde en el mismo libro de Génesis, que el hecho de soñar sobre el mismo asunto en dos ocasiones distintas, significa que el cumplimiento de los mismos es seguro. Así lo dijo el mismo José cuando interpretó los sueños de los funcionarios del Faraón y más adelante, cuando interpretó los sueños del mismo Faraón.

Para José sus sueños eran motivo de alegría y expectación, pero para sus hermanos solo representaban un intento para alterar el orden establecido por la tradición: José no asomaba a convertirse en más que un vulgar usurpador.

El muchacho tenía dos cosas por ciertas acerca de lo que había soñado; estaba plenamente seguro que los sueños provenían del mismo Dios y que se cumplirían con toda seguridad. Lo que no sabía era que antes de verlos realizados, tendría que pasar por un camino largo y doloroso.

LA OPOSICIÓN

Naturalmente, los sueños de grandeza de José, traerían oposición de parte de sus hermanos mayores. Aunque tal oposición se tomaría como desproporcionada en nuestros días, debemos traer a consideración la forma de crianza, las costumbres y malas costumbres, que esos hombres habían observado y sabido tanto de sus padres, como de otros parientes cercanos y lejanos.

Poco después de haber contado los sueños, ya los hermanos mayores de José hablaban abiertamente de la idea de matarlo. Cabe recordar que la oposición y el repudio de los hermanos no comenzaron con los sueños del chico, sino que venía arrastrándose desde mucho antes, debido a que José gozaba del favor del padre de todos ellos, simplemente porque era hijo de su esposa amada, Raquel.

No fue un repudio impulsivo, producto del momento, sino que se había albergado en las mentes y los corazones de sus hermanos desde hacía ya mucho tiempo. La historia bíblica nos enseña que antes del asunto de los sueños, José había demostrado tener un carácter muy diferente al de sus hermanos mayores y no participaba de las mismas malas acciones de ellos, cosa que le hacía merecedor de un alto grado de confianza de parte de su padre.

Además de todo lo anterior, él también servía como una especie de espía que le informaba a Jacob, su padre, las malas acciones de sus hermanos mayores. De modo que los sueños del muchacho, solamente fueron la gota que colmó la copa de la paciencia y la tolerancia de sus hermanos y había que hacer algo al respecto.

3

LA

CONSPIRACIÓN

Ya son hartas conocidas las malas acciones de los hijos mayores de Jacob, de modo que no existe duda alguna de la capacidad que tenían para hacer cosas terribles. En esta etapa de la historia es que la carrera criminal de esos bandidos llega al cénit, cuando los hermanos mayores conspiran para matar a José para, entonces, ver en qué pararían sus sueños de grandeza.

El asesinato no era solamente para sacar a José de la carrera del patriarcado, que ellos estaban perdiendo por sus propias faltas, sino que con ello también querían asestar un rudo golpe a Jacob, privándolo de la presencia de su hijo favorito. Estos hombres carecían de la lealtad debida a los miembros de su propia familia.

A pesar de haber hecho causa común contra uno de sus hermanos y contra su propio padre, solo sería cuestión de tiempo para que terminaran devorándose los unos a los otros, causando la desaparición completa de su clan.

Antes que te escandalices por las posibilidades mencionadas, quiero recordarte que ese mismo tipo de conspiración se evidencia, en la actualidad, en las familias cuyos miembros están constantemente criticando y menospreciando a sus hermanos, padres, hijos y otros allegados.

Algunos van tan lejos en darle preferencia a completos extraños por encima de los miembros de su propia familia.

Esa misma falta de lealtad también se pone de moda en instituciones públicas y privadas, incluyendo la misma iglesia, en que las personas llegan a ser marginadas por las mismas razones por las que deberían ser amadas, toleradas y estimuladas a alcanzar su pleno desarrollo.

Así actúan las personas que ven a los demás a través de sus propios prejuicios y los proyectan hacia los demás para proseguir la antigua rutina de no hacer ni dejar que otros hagan, para perpetuar esa aureola de perfección que, piensan ellos, pueden ver las demás personas.

Se amparan en sus posiciones de poder para trabajar en contra de cualquier intento de mejorar las cosas y, no solamente eso, sino que tampoco actúan ellos mismos porque piensan que los que están subordinados a ellos no se merecen que se haga el esfuerzo.

En el extremo opuesto están aquellos que usan las ideas, capacidades especiales y recursos de los demás para adelantar sus agendas ególatras. Cada persona con buena disposición es tan solo un peldaño en la escalera hacia su éxito personal. No son amigos de nadie ni se amarran a nada que detenga su ambiciosa jornada.

Por supuesto, cuando alcanzan lo que se han propuesto, no tienen deudas de gratitud con nadie, porque "todo lo que tengo, me lo he ganado por mi propio esfuerzo".

Tengo que reconocer que esas personas tienen un talento especial para quedarse sin colaboradores. Ya que usan a las personas como utensilios desechables, logran desarrollar la habilidad de ocultar, con una hermosa sonrisa, el puñal que tienen en la mano, esperando la oportunidad para asestar una estocada mortal por la espalda. Más temprano que tarde, las personas se dan cuenta de la falta de lealtad y de aprecio por las cosas que hacen a favor de esos traicioneros.

Hasta en los matrimonios se llega a alcanzar la destrucción de la relación por la falta de lealtad, ya que la deslealtad está diseñada, precisamente, para romper y destruir cualquier tipo de relación, sea familiar, de amistad, social y hasta puede llegar carcomer los cimientos mismos de la patria.

Una cosa es la crítica y la inconformidad por desacuerdos en cuestiones de opinión; otra cosa es llegar al desamor porque se piensa de forma diferente. Es una triste realidad que se vive a diario en todos los niveles de la sociedad.

La lealtad es la causa que hace que las personas permanezcan fieles a su familia, amigos y a otras relaciones; también es el motivo de mantener los principios morales y el amor a la patria. Cualquier falta a la lealtad debe ser considerada como cualesquiera otros actos de traición, porque se les está dando la espalda a personas, asuntos significativos y trascendentales que son los que realmente nos sirven como base y apoyo en el desarrollo humano.

¿Alguna vez has padecido por la falta de lealtad de alguien cercano a ti? Pues eso fue lo primero que tuvo que padecer Jose, como inicio de la tortuosa odisea que lo llevaría a ver la realización de sus sueños.

Cualquiera se desmoraliza y pierde la fe en las

personas, llegando hasta el punto de evitar entrar en relaciones significativas por temor a ser traicionados nuevamente.

La confianza traicionada no debe convertirse en un espectro fantasmal que opaque el camino que nos puede conducir hacia cosas más grandes y mejores.

LA ENVIDIA MATA

Muchas veces he visto automóviles con esa inscripción pintada o impresa en pegadizos adheridos al parachoques. Con el tiempo aprendí que no era una frase trillada sino una gran verdad, comprobada por muchas generaciones de seres humanos. La envidia es causa de muerte natural o a consecuencia de la violencia. Es un veneno que mata lentamente al que lo lleva en su interior. También es una fuerza que impulsa a todo tipo de actos de violencia sin sentido.

A veces la envidia lleva al asesinato, pero casi diariamente se manifiesta en hechos velados, casi imperceptibles, que tienen como finalidad la destrucción de alguien en específico o, en su defecto, terminar con su proyecto de vida.

Algunas de las acciones que he visto en ejecución incluyen ridiculizar las ideas de los demás, para lograr que los proponentes las abandonen, solamente para luego adoptarlas como propias y llevarlas a feliz realización, recibiendo el crédito por todo el asunto y al que trajo la idea en primer lugar, ni siquiera le dan las gracias y mucho menos le atribuyen la autoría del proyecto.

Otra manifestación típica y muy común, proviene de parte de los líderes hacia los seguidores más talentosos. Siempre encuentran una buena excusa para limitarles el ascenso dentro de la organización, mientras tanto, colocan a personas con menos talento, compromiso y experiencia, en las mismas posiciones para las que descalifican a los más preparados.

Pudiera brindar más ejemplos de esas prácticas nocivas y castrantes dentro de la industria y especialmente dentro del gobierno, pero ello solo sería una distracción que nos alejaría del tema de este libro.

Siempre he tenido la sospecha de que esas personas tienen mucha fe en el potencial de los demás, pero tienen temor de que cuando se desarrollen plenamente, terminen opacándolos al demostrar más capacidad, conocimiento y sentido común en sus ejecutorias.

Es muy probable que los hermanos mayores de José hayan visto la posibilidad de que él llegara a alcanzar mucha más notoriedad que cualquier otro miembro de la familia, tanto los que estaban vivos, como sus antepasados. El asesinato sería un medio para preservar y garantizar la perpetuación de la mediocridad que hasta entonces ellos habían exhibido.

4

LA VENTA

Frustrado el plan de asesinar a José, se abrió una ventana de oportunidad cuando divisaron a lo lejos una caravana de mercaderes que marchaban hacia Egipto. La maldad en el corazón de los hermanos de José seguía sin satisfacerse y sacarlo del pozo era garantía de que su padre los iba a desheredar a todos por haber atentado contra su hijo preferido. ¡Venderlo sería fabuloso!

En el capítulo anterior tratamos la deslealtad y la envidia, ahora le toca el turno al menosprecio.

No existen maneras más efectivas para desmoralizar a alguien y hacerlo dudar de su propio valor que cuando las personas más cercanas lo tratan como alguien que no tiene valor.

Usualmente se usa el menosprecio en nuestra cultura para tratar a personas que tienen un ego muy elevado y eso a nadie le causa la más mínima pena. La gente común llega a pensar que eso es algo que alguien se merece por su arrogancia y hasta le otorga su bendición al que "castiga" a otro de esa manera.

La fórmula del menosprecio causa aún más estragos en las personas que, casi de manera inocente, expresan sus aspiraciones de alcanzar cosas mejores que las que ha logrado.

Conozco un caso de un muchacho que quería ser médico y los padres de su novia pusieron en duda su capacidad intelectual para lograrlo y hasta trataron de convencerlo para que estudiara otra cosa más de acuerdo con su capacidad (o supuesta falta de ella).

También sé del caso en que un ingeniero que presentó un proyecto que traería beneficios a su comunidad, pero sus superiores contrataron a otro ingeniero para que lo realizara, alegando que este otro tenía más capacidad y recursos para confiarle la ejecución de la obra. Esas solo son algunas muestras de la forma en que las personas, algunas veces en posiciones de autoridad, suelen menospreciar a otros.

El menosprecio es, además, la forma más común de discriminación, porque lleva a las personas a pensar o creer que "ciertas" personas carecen de las cualidades que son comunes en todos los seres humanos.

La historia humana está llena de ejemplos en que se designó a grupos completos como de menor valía, de forma arbitraria y sin sustento moral, científico, religioso, moral ni legal.

En el caso de los hermanos de José, el menosprecio no podía ser de manera distinta, sino que se acentuaba porque provenía de parte de miembros de su propia familia. Así surge la idea y la oportunidad de venderlo como esclavo a los ismaelitas, algo que iba a satisfacer su deseo original de sacarlo de la carrera por obtener el patriarcado tan codiciado.

Para ellos, la venta era un sustituto muy razonable para el frustrado plan de asesinato, ya que cumpliría los dos objetivos que perseguían originalmente: sacar a José del panorama y causarle dolor y sufrimiento al padre.

La esclavitud representaba el nivel más bajo de la escala social de la época. Para los hermanos de José la idea de colocarlo en esa parte de la escala social venía como anillo al dedo, porque arrojaba al soñador de la grandeza directamente al nivel social más bajo.

Para colmo de maldad, la venta del muchacho ni siquiera fue una venta regular ¡fue con descuento!

Normalmente los esclavos se vendían por treinta monedas de plata; ese fue el precio que le pagaron a Judas por entregar a nuestro Señor Jesucristo. Así que el precio se había mantenido igual durante muchos siglos, casi inalterado por la inflación y las variantes del mercado.

Para demostrar de forma inequívoca el menosprecio, vendieron a José por veinte monedas de plata. ¡Un descuento de 33% del precio regular! Cuando sus hermanos lo vieron alejarse y perderse en el horizonte, encadenado con grilletes, ellos estaban muy seguros que jamás lo volverían a ver.

Es evidente que los hermanos mayores no querían a José y estaban dispuestos a hacer lo que fuera para deshacerse de él. Tal vez fueron decisiones impulsivas, pero reflejaban toda la maldad que albergaban en sus corazones.

Estaban claros sus deseos, intención y la disposición de llegar hasta las últimas consecuencias, con tal de eliminar a José y castigar a su padre.

EL ENCUBRIMIENTO

Mientras José iba camino a Egipto, sus hermanos quedaban en Canaán con la responsabilidad de justificar su ausencia. El mayor de los hermanos, Rubén, había logrado evitar el asesinato, pero los otros hermanos vendieron a José mientras él estaba ausente. A su regreso, descubrió que José no estaba en el pozo donde lo habían metido y entonces le dijeron lo de la venta y su partida hacia Egipto.

¿Qué rayos le iban a decir al padre del muchacho?

Una vez más se activa la mente criminal que, hasta el momento, había logrado salvar varios obstáculos. Esta vez, como producto de su maldad, se inventaron la historia de la muerte accidental del muchacho.

Mataron un cabrito y mancharon con la sangre la túnica de colores que le habían quitado a José y así se la llevaron a Jacob, sin mucha pena ni mayores explicaciones, para que él llegara a sus propias conclusiones.

Misión cumplida: José ya estaba fuera de competencia y Jacob estaba sufriendo por la muerte de su hijo favorito. Jacob amaba a José más que sus otros hijos y albergaba la esperanza que él fuera un heredero digno, con el carácter y la fe en Dios que no tenían sus otros hermanos. En medio de su dolor, juró que iba a guardar luto por José por el resto de su vida.

Se apilarían muchos años de silencio y complicidad antes que la verdad se abriera paso y saliera a flote de forma espectacular, dejando en evidencia tantas cosas fuera de lugar en la vida y hechos de aquellos hombres perversos.

5

EN TIERRAS EXTRAÑAS

Egipto era la metrópolis para todo el entorno de pueblos y naciones a su alrededor. Una civilización muy adelantada en comparación con todo lo que había conocido José. Harán parecería una aldea en comparación con Egipto y Canaán parecería una tierra de rústicos cavernícolas.

Hasta allí llegaría José vendido como esclavo a los mercaderes de Arabia. Ahora que llegaba a Egipto, sería vendido al precio del mercado a uno de los señores de la tierra, uno de los funcionarios del palacio del Faraón.

Aunque se hallaba en la metrópolis que era el centro del poderío político, económico y cultural, el lugar que ocupaba José distaba mucho de lo que había visto en sus sueños de grandeza.

Potifar adquirió a José en el mercado de esclavos, tal vez fijándose en su mocedad y fortaleza, cualidades que le hacían propio para ser moldeable y duradero. Lo que pronto descubrió es que el muchacho tenía muy buenas aptitudes, aprendía rápido y además era altamente confiable. El temor de Dios le había dotado de esas cualidades positivas y ahora un perfecto extraño las descubriría para ponerlas a su propio servicio.

Ese reconocimiento por parte del amo hacia el esclavo era primordial para que el muchacho recuperara la tambaleante confianza en sí mismo y de paso, podía darse cuenta de la presencia y la acción de Dios en su vida.

Potifar depositó toda su confianza en José, poniéndolo como mayordomo de toda su hacienda, incluso dándole autoridad sobre los demás sirvientes.

Son pocas las personas que conozco que tienen a alguien bajo su autoridad en quien puedan delegar confiadamente. Quizás se deba a que son pocas las personas que conozco que tengan el discernimiento suficiente para descubrir y reconocer los talentos y capacidades que Dios ha otorgado a las personas bajo su autoridad.

Hay personas que poseen ese don de ver lo que otros nunca pueden ver, especialmente en las etapas primarias del desarrollo de los demás; la mayoría de las personas solamente llegan a reconocer el talento de las demás personas cuando reciben el Premio Nobel o ganan un Oscar.

Mientras llega el gran reconocimiento, ni siquiera los consideran dignos de trabajar cerca de ellos.

Afortunadamente, Potifar se dio cuenta rápidamente que había realizado el mejor negocio de toda su vida cuando adquirió a José. A cambio de toda esa confianza, José se condujo de manera responsable, fiel y leal a su amo, manteniendo el orden doméstico, algo que libraría al señor de la casa de esos menudos asuntos, para dedicarse de lleno al servicio como funcionario de Faraón.

Por fin el soñador de la túnica de colores había llegado al centro de poder, pero ocupando uno de los lugares más bajos en la escala social, la cual distaba mucho de lo que había visto en sus sueños de grandeza.

La autoridad que le fue conferida por su amo Potifar pudo hacer que el joven sintiera un alivio dentro de sus penosas circunstancias y ahora que poco a poco comenzaba a ascender en términos de la estimación propia, ¿sería posible descender aún más profundo?

LA CALUMNIA

Según la Ley de Murphy, siempre hay espacio para que las cosas empeoren siempre que existan las condiciones ideales para ello. Ahora José debería enfrentar algunas otras cosas que producen la maldad que la gente abriga en el corazón. Hasta ahora había tenido que enfrentar la envidia, deslealtad y menosprecio de sus propios hermanos y continuaba aferrado a la vida al parecer en una forma digna, pero ahora tendría que enfrentar el germen de la mala fama.

Existen varias maneras de que una persona llegue a ver a otra de manera equivocada: debido al prejuicio que se forman interiormente por dejarse llevar por las simples apariencias, por recibir información incompleta o distorsionada y por recibir información totalmente falsa.

La calumnia es la información que recoge las últimas dos características y le añade el elemento adicional de la intención de hacer daño, consciente y deliberadamente.

He sabido de muchas personas que, habiendo soportado toda suerte de penurias, se han desmoronado ante una sola calumnia. Algunos de ellos tuvieron que pasar a través de procesos judiciales en los cuales su buen nombre quedó mancillado para siempre. Así de fuerte, efectiva y nociva puede llegar a ser la calumnia.

Precisamente, eso fue lo que hizo la esposa de Potifar cuando José se negó a ceder ante los deseos lascivos de ella. Llevaba algún tiempo hostigándolo para que tuviera relaciones sexuales con ella, pero él se había negado porque era leal a su amo.

El respeto que demostró tanto por Potifar como por su esposa, a causa de su fidelidad a Dios, no fue valorado por ella, sino que continuó con su asedio tratando de consumar la traición contra su propio esposo.

Quizás recurrió a la falsedad de su acusación porque se sintió despechada, o talvez sabía que, con toda seguridad, José le contaría todo a Potifar. Sea cual fuera el motivo, lo cierto es que la acusación se realizó.

Es increíble la cantidad de personas que están dispuestas a cubrir sus malas acciones, acusando a otros. Así mismo está fuera de toda imaginación la cantidad de personas que padecen a causa de la mala fama que les crean otros, por las razones más absurdas y aberrantes.

Hasta hay quienes son capaces de llegar a un tribunal de justicia y jurar en vano, solamente para acusar a alguien falsamente. Eso sigue ocurriendo y seguirá sucediendo mientras no les cueste nada a los que actúan con falsedad.

La presunción de inocencia es anulada por la causa probable, solamente porque alguien está dispuesto a mentir y sostener un falso testimonio. La esposa de Potifar había hecho su parte al acusar falsamente a José. Era la palabra de la señora de la alta sociedad contra la palabra de "ese esclavo hebreo que trajiste a nuestra casa".

Por su parte, Potifar hizo que José fuera llevado a la cárcel, lo que pudiera considerarse como un acto de misericordia, porque muy bien pudo haberlo matado. Es evidente que descender aún más en la escala social es posible.

Gracias a la calumnia, ahora José pertenecía a la parte más baja de la sociedad y quedaba completamente excluido de la ella.

6

LA PRISIÓN

La cárcel es uno de esos lugares donde las personas, normalmente, no escogen estar. Es un lugar que se menciona junto al hospital y al cementerio, porque comparten esa característica de que nadie va ahí voluntariamente, sino que es llevado por otros y permanece ahí porque no tiene salida. Es el tipo de obra pública que no se construye con mucha visibilidad en las ciudades del mundo, sino que está lejos de todo y en medio de la nada.

La mayoría de las personas piensan que nunca llegarán a una cárcel y hacen todo lo que pueden para evitar llegar a ella.

Pero eso no es garantía de que no pueda llegar el día en que se vean llevados y puestos tras las rejas, bien sea por haber cometido un delito, por estar con malas compañías, debido a fallas en el sistema de justicia o por causa de una calumnia, como le sucedió a José.

El muchacho llegó a la cárcel sin haber cometido ninguna falta. Ahora compartiría con lo que se considera la escoria de la sociedad, los echados a un lado, fuera de la vista de la gente decente.

Mucho peor es la marca que deja en las personas que han estado ahí dentro: Serán vistos como delincuentes por el resto de sus vidas, aun cuando hayan sido encarcelados sin haber cometido falta alguna o porque alguien, en el infalible sistema de justicia, haya metido las cuatro patas.

Afortunadamente, el encargado de la cárcel vio en José las mismas cualidades que había descubierto Potifar, su antiguo amo y le asignó algunas responsabilidades dentro de la misma cárcel.

Realizar esas tareas le ayudaría a desarrollar aún más las cualidades de administración que había desarrollado durante el tiempo que estuvo en la casa de Potifar.

La confianza depositada en él era una manera que, sin advertirlo, forjaría aún más el carácter y la lealtad que siempre había demostrado, primeramente, a su propia familia como a Potifar, su antiguo amo.

Podía ejercer sus funciones con plena seguridad de que contaba con la confianza del encargado de la cárcel y, para una persona en la condición de preso, resultaba de gran valor gozar de la confianza de alguien en posición de autoridad.

Era, sin duda alguna, un privilegio inusual para alguien a quien se le estaba tratando como a un criminal.

Otra de las cosas que se pueden desarrollar en la prisión, es la capacidad de enfocarse en las cosas importantes y básicas de la vida, porque allá adentro no se cuenta con muchas prestaciones que se dan por sentado en la libre comunidad.

Tras las rejas se tienen pocas posesiones que puedan deslumbrar a alguien, hay tiempo de sobra para meditar, si se quiere y se llega a descubrir que nada de lo que las personas valoran se compara con la libertad.

La vida en la cárcel puede consumir a una persona y puede ayudar a crecer a otra, convirtiéndola en mejor ser humano. A pesar de que alguien está preso, conserva la libertad básica de todo ser humano: la de decidir.

Precisamente en ese juego vital, las cartas de baraja que se reciben, deben ser jugadas muy cuidadosamente. Pueden ser malos los naipes, pueden ser pocas las barajas; pero precisamente ahí reside la oportunidad de mantenerse en el juego de la vida.

Le tocaba a José jugar bien cada partida, porque en todas y cada una de las oportunidades que se le presentaran, se estaba jugando su propia vida y sus anhelados sueños.

DE SOÑADOR A INTÉRPRETE

Una gran oportunidad le llegó a José en el momento de la desgracia de otros que estaban presos junto con él. Resulta que esos prisioneros eran sendos funcionarios de confianza de Faraón: el panadero y el copero.

Esos dos funcionarios del palacio real llegaron a la cárcel debido a algún tipo de falta cometida contra su jefe y de ese modo llegaron a entrar en contacto directo con José. ¡Qué forma más extraña de acercarse a la cima del poder!

Ahora José estaba codeándose con personas cercanas al rey, aunque estaban pasando la misma desgracia que él, habiendo sido privados de su libertad y separados de la sociedad.

Cierta noche, ambos funcionarios tuvieron sendos sueños. Al amanecer les contaron los sueños a varios de los presos, pero ninguno les pudo ofrecer el significado de los mismos.

Entonces José los animó a que le contasen sus sueños, porque sabía que solo Dios tenía el control de que se puedan interpretar esas cosas, como él mismo ya había experimentado con sus propios sueños.

El copero contó su sueño y recibió por medio de José una interpretación que le resultaba favorable; entonces el panadero se animó a contar el suyo, pero la interpretación del mismo era que tendría un final desastroso.

El caso es que, al cabo del tiempo de los sueños, ambos se cumplieron con distinto desenlace: el copero fue restituido a su cargo de confianza, pero el panadero murió decapitado por órdenes del rey.

Como José tenía fe de que ambos sueños tendrían su cumplimiento, le pidió al copero que cuando fuera restituido a su puesto, intercediera por él ante Faraón.

A partir de ahí comenzaba otra etapa penosa en la odisea que estaba sufriendo aquel hombre que para ese tiempo ya tenía veintiocho años de edad y fue vendido por sus hermanos cuando apenas tenía diecisiete.

LA INGRATITUD

"Y el jefe de los coperos no se acordó de José, sino que le olvidó". -Génesis 40:23

Para resumir la historia transcurrida hasta el momento, José había padecido la envidia y deslealtad de sus propios hermanos, había sido arrancado violentamente de su familia cuando fue vendido como esclavo a unos mercaderes, llegó a la cárcel porque fue calumniado por la esposa de su amo y ahora tendría que enfrentar el fuego de la artillería pesada.

La ingratitud está diseñada para aniquilar y, de ser posible, devastar a las personas hasta que queden sin las fuerzas ni la voluntad suficientes para volver a levantarse.

Tengo conocimiento de personas que han quedado destruidas porque sus propios familiares les dieron la espalda en momentos de crisis; otros han sido marcados para siempre por la vida en la prisión y, aún otros, que han quedado aplastados por acusaciones falsas y viciosas, que no han logrado superarlas jamás.

También he sabido de personas que han sido aniquiladas por eventos más triviales, porque los han manejado de una forma inadecuada; pero esa es harina de otro costal. Pero los que han padecido bajo el peso de la ingratitud, terminan como muertos en vida.

Quedan como cuerpos sin espíritu luego de presenciar cómo sus sueños más preciados son destrozados delante de sus propios ojos.

Hay otro aspecto de la sabiduría que me quedó grabado al observar cómo funciona el mundo. Había una ciudad pequeña con unos cuantos habitantes, y vino un rey poderoso con su ejército y la sitió. Un hombre pobre pero sabio sabía cómo salvar la ciudad, y así la ciudad fue rescatada.

Sin embargo, pasado el incidente, a nadie
se le ocurrió darle las gracias. Por lo tanto,
aunque la sabiduría es mejor que la fuerza,
los sabios —si son pobres— también
serán despreciados. Lo que digan no será
valorado por mucho tiempo.
-Eclesiastés 9:13-16

La pregunta es: ¿Qué tenía José, el joven hebreo, para poder soportar y salir ileso de todas las cosas que había padecido?

Obviamente, tenía algo que los que cayeron ante las mismas adversidades que él pasó, no tenían: un sueño. Algo por lo cual avanzar un paso más; algo por lo cual vivir, algo que esperar.

Es una gran ventaja para cualquier ser humano saber que, lo que está sucediendo en este momento, no es el final de la historia, sino un capítulo triste dentro de la historia.

José pasó dos años adicionales en la cárcel porque el jefe de los coperos de Faraón se olvidó de él y de cómo Dios usó al varón hebreo para darle el mensaje de restitución.

Todo lo que José había vivido hasta ese entonces era suficiente para sacar de circulación a cualquier persona que no tuviera de qué agarrarse, como José se aferraba a sus sueños; ahora se sumaba también la artillería pesada de la ingratitud a la serie de atentados que el joven había sufrido.

¿Estás siendo asediado por la ingratitud de amigos y familiares?

Pues debes saber que ese puede ser el último recurso que usa el enemigo para pulverizar al oponente, cuando todos los demás ataques han fracasado y tú sigues en pie, aunque estés herido y maltrecho por las injurias sufridas.

ASESINOS DEL CARÁCTER

La ingratitud es un asesino del carácter porque tiene el potencial de llenar el alma de amargura; es un veneno que mata desde adentro y si no termina con la vida, al menos la debilita de forma tal que no pueda volver a ser productiva, de la misma manera que un campo que ha sido contaminado con algún tipo de agente químico peligroso.

En las personas que son objeto de la ingratitud, la capacidad y las aptitudes para realizar cosas buenas continúan ahí, pero la voluntad y el deseo de hacerlas pueden desaparecer por completo, anulándolas y hasta afirmando que merecen el trato de ingratitud que reciben.

Las personas ingratas pueden manifestar su ingratitud de muchas formas y maneras. Parecen no tener límites en la creatividad para expresar la ingratitud en cada oportunidad que se les presenta.

Forman una catedral de mentiras alrededor de ellos mismos las cuales terminan creyendo como si en realidad hubieran sucedido tal y como ellos las cuentan: "Nadie me ha ayudado nunca". "Todo lo que tengo ha sido por mi propio esfuerzo". "No tengo que agradecerle nada, porque eso es lo que (él o ella) tenía que hacer por mí"... Y sigue la lista "at infinitum, et ultra" y no termina jamás.

¿Quién se esfuerza por ayudar a personas que expresan tales pensamientos?

Ha habido incontables maestros, buenos maestros, que han abandonado la cátedra por ese sentimiento de ingratitud. Han visto alumnos suyos llegar mucho más lejos que lo que ellos pudieron aspirar y nunca, ni por cortesía, una palabra de gratitud por el esfuerzo extra que brindaron para alentar y estimular a esos flamantes nuevos profesionales.

No es de extrañar que las profesiones más incapacitantes sean las que tienen que ver con el cuidado y protección de otras personas: bomberos, enfermeras, policías, maestros. Rara vez alguien se da la vuelta para decirles "gracias", lo que los lleva a pensar que su trabajo no es apreciado.

También es sabido que los oficios antes mencionados son pobremente remunerados. Sin embargo, los políticos que viven a todo lujo a costas del pueblo, los artistas que solo entretienen y los atletas, se llevan todo el crédito y el sentimiento patriótico por sus "proezas" y "grandes hazañas".

ero aquellos que están en las trincheras de las aulas combatiendo la ignorancia, los que trabajan protegiendo vidas y propiedades y cuidando la salud, son ignorados y castigados por la misma comunidad a la que sirven con tanto empeño y por los gobernantes que la representan.

Si no fuera porque verdaderamente tienen vocación, muchos se hubieran cambiado a una ocupación mejor remunerada o hubieran abandonado el país en busca de su propio bienestar, como han hecho otros tantos.

Estamos hablando de la ingratitud y esos son algunos de los estragos en aquellos que son bombardeados con ella.

Por otro lado, andan los ingratos, aquellos que creen que la vida les debe algo, creen que se merecen todo y siempre terminan pensando que les quedaron a deber. Son los triunfadores que usan a todos a su paso hacia la cima, como si fueran los peldaños de su escalera al éxito.

Cuando llegan a lo más alto que se proponen, solo les queda la opción de caer estrepitosamente, porque la escalera que usaron para subir se desvaneció a causa del menosprecio.

Abusan de la amistad usando los talentos, tiempo y energía de los amigos y nunca se conforman con la atención recibida. Hasta llegan a enojarse cuando ven que esos que los ayudan a ellos también ayudan a otros, celosos de que les brinden los mismos cuidados que ellos llegan a considerar exclusivos.

Llegan al punto de delegar tareas triviales con el

fin de agotar el tiempo y las energías, haciendo cada vez menos por sí mismos para que los amigos terminen haciendo mucho más. Si no lo has pensado, te diré que los vampiros existen y no salen de noche solamente.

Ciertamente la ingratitud puede anular al que es atacado con ella, pero resulta letal para el que la utiliza como arma para adelantar su propia agenda y satisfacer sus caprichos más extravagantes.

LA SOLIDEZ DE UN SUEÑO

Los sueños, sueños son, si no se convierten en proyectos que los lleven a su feliz realización. Podemos aferrarnos a nuestros sueños. Una vida mejor es posible en el ámbito personal, a nivel familiar y también nacionalmente. Los sueños pueden ser tan sólidos como nuestra fe en que pueden realizarse y la disposición que exhibamos en nuestro empeño para perseguirlos.

Hay que hacer diferencia en los tipos de sueños, por supuesto, porque hay algunos que son efímeros y desaparecen al despertar, pero existen aquellos que se vuelven recurrentes y llegan a visitarnos aun cuando estamos despiertos.

Ese es el tipo de sueño que se puede convertir en realidad, porque va tomando forma, tamaño y peso en la imaginación.

Los parques de Disney, se pueden usar como ejemplo de esto. Aunque se iniciaron como un sueño del afamado productor de caricaturas, son una realidad palpable hoy día, aunque el visionario Walt murió sin verlos realizados. Eso también podemos afirmar de la llegada del hombre a la Luna y el sueño de igualdad social del Dr. Martin Luther King, Jr.

Muchas personas han perdido la capacidad de soñar despiertos e imaginar, gracias a la televisión y al cine que presentan en alta definición los sueños de otros y logran opacar los sueños de los demás.

Además, un sueño puede ser algo tan cotidiano como adquirir una casa propia, terminar una carrera universitaria inconclusa, formar una familia, tener un negocio propio... ¡ponle nombre a tu sueño!

Y ya que estamos ocupados en ello, también ponle fecha y que ocupe un espacio en tu agenda. ¿Acaso es algo inalcanzable para ti? Entonces recurre a quien puso el sueño en ti, porque él tiene el poder para darte lo que necesitas para que lo veas realizado.

7

DE LOS SUEÑOS A LA REALIDAD

Con nosotros, en la cárcel, había un joven hebreo, que era esclavo del capitán de la guardia. Nosotros le contamos nuestros sueños, y él nos explicó el significado de cada sueño. -Génesis 41:12

Finalmente ha llegado el tiempo en que los sueños de José alcanzan su realización, a pesar de estar sumido en la más triste de las miserias. Mientras aquel hombre seguía con su cotidianidad en la cárcel, algo inusual estaba ocurriendo en el palacio real que providencialmente iba a estar íntimamente ligado a él.Sin que él lo supiera todavía, ya los sueños habían entrado en el palacio del rey.

Faraón tuvo unos sueños que le turbaron el alma de tal manera, que deberían ser llamados pesadillas, con toda justicia. Sabiendo que aquellos sueños tenían mucho que ver con su reino, buscó por doquier a alguien que le dijera el significado, pero no pudo encontrarlo.

El afán del rey con esos sueños que tenían que ver con su tierra y su gobierno, le obligaban a procurar saber qué significado tenían. Entonces, mientras se hallaba turbado por la ausencia de respuestas, el copero que había estado en la cárcel, se acordó de José y de la capacidad que tenía para interpretar los sueños.

Había llegado el momento preciso para que los sueños de Faraón fueran interpretados y los sueños de José se realizaran. Todo ese tiempo que había transcurrido desde que el copero fue liberado de la cárcel, sumado al tiempo que José llevaba preso, totalizaban trece años de angustias, pena y crecimiento, como veremos más adelante.

Por fin José llegaría al sitial de honor y poder que había soñado mientras estaba en Canaán.

SEÑALES DE LOS TIEMPOS

Soñó el Faraón que estaba a la rivera del gran río Nilo y vio siete espigas de trigo esbeltas y robustas; acto seguido, otras siete espigas, mustias y resecas, devoraron a las primeras espigas, pero aun así permanecieron en el mismo estado precario que tenían. Ese primer sueño hizo que Faraón se quedara perplejo durante la madrugada, hasta que volvió a dormir.

Otra vez tuvo sueños y, en esta ocasión, también junto al río Nilo, vio que salían del río siete vacas gordas y robustas. Tras las vacas gordas, salieron otras siete vacas flacas y débiles que devoraron a las vacas gordas, pero no se notaba que habían comido, porque seguían igual de flacas.

Esos sueños estaban cargados de simbolismos que, a simple vista, son fáciles de entender, pero resultaron difíciles de interpretar para el Faraón.

El río Nilo es sumamente importante en la vida egipcia desde los tiempos antiguos. De su caudal dependía la agricultura y la ganadería, industrias principales del antiguo Egipto.

Los sueños de Faraón se basaron en esas dos industrias y, precisamente, la procedencia del fruto de la tierra y el ganado, representados por el trigo y las reses, procedían del río.

Ahora bien, una vez el copero de Faraón lo vio turbado por sus propios sueños, recordó al hombre hebreo que le había interpretado su sueño mientras se hallaba en la cárcel.

Ese fue un momento clave en el proceso de la realización de los sueños de José. Esta vez se acercaba al palacio, el centro de poder de su época, para ver la realización de sus propios sueños.

Por órdenes del rey, José fue llevado al palacio y, luego de un proceso de preparación, fue llevado ante la presencia de Faraón. Aunque su fama de intérprete de sueños le precedía, fue lo suficientemente humilde como para atribuirle tal poder a Dios y no a sí mismo.

Escuchó atentamente al Faraón mientras relataba sus sueños y, cuando concluyó con los relatos, José procedió a la interpretación.

Venía un tiempo de gran abundancia para el pueblo egipcio, seguido por un período de igual duración en el que habría mucha escasez. La cantidad de espigas y vacas, siete de cada una, representaban esos períodos de tiempo, tanto para la abundancia como para la escasez.

Por un lado, ambos sueños eran una misma advertencia, pero por otro, significaba que, al repetirse el sueño, ambos eventos ocurrirían con plena seguridad.

SABIO CONSEJERO

José no se limitó a interpretar los sueños de Faraón, sino que fue aún más lejos: le ofreció unos consejos para que pudiera lidiar con el impacto negativo de los eventos que estaban a punto de suceder, para que no tuvieran mayores consecuencias para el país, tampoco para sus habitantes.

El tiempo que dedicó para ocuparse de la mayordomía de la casa de Potifar y el período que sirvió como sub administrador de la cárcel, estaban reflejados en la manera en que aconsejó a Faraón para que enfrentara el tiempo de crisis que se aproximaba.

Es obvio que la providencia divina le condujo a crecer física, emocional y profesionalmente, aún en medio de toda la adversidad.

Había pasado con altos honores todas las pruebas de su odisea personal: la envidia, deslealtad y el menosprecio de sus hermanos mayores, la calumnia de la esposa de su jefe y la ingratitud del funcionario de Faraón.

Lo sorprendente es que ahora se presentaba ante el hombre más poderoso de la comarca, pero podía hablarle con esa fe en Dios que le caracterizó en todo momento, con la experiencia administrativa que había adquirido y con un espíritu de servicio que le podía encaminar a pensar en el bien colectivo por encima del bienestar individual.

Ese no era el modelo de hombre en su época y

tampoco es el modelo de persona en la época nuestra. Aprendemos tan fácilmente a llenarnos de rencor, a actuar egoístamente, a ser leales solamente a aquellos que nos recompensan con algún beneficio monetario o con una satisfacción emocional pasajera, como suele suceder.

Pero no. José actuó de una forma que resulta ilógica, desde el punto de vista de la forma en que hemos sido criados y educados, en una cultura donde hasta las canciones populares nos enseñan a pagar con la misma moneda.

Podemos apreciar cómo aquel oscuro personaje perdido en la maraña de la historia, con un poco de ayuda de sus semejantes, estaba en el umbral de la gloria sin siquiera habérselo propuesto.

A nadie empujó por las escaleras para quedarse con su ministerio; a nadie le puso obstáculos para sabotear su proyecto de vida.

A nadie difamó para entorpecerle el proceso de crecimiento y desarrollo profesional. Aun sin desplazar a nadie por sus propios medios, aquellos sueños a los que había permanecido aferrado estaban a punto de realizarse.

Son muchas las personas, con las que he caminado en el camino de la fe, que han trabajado arduamente para abrirse paso con "hacha y machete", solo para ver sus aspiraciones malogradas, porque no se dieron tiempo a crecer y madurar en lo más importante: el carácter.

Esa ha sido la causa de que muchos hayan terminado estrellados, en vez de convertirse en las estrellas que aspiraban ser.

En un capítulo posterior de esta obra, estaremos viendo este mismo proceso atropellado y desgraciado, desde otro punto de vista, algo similar a lo que se hace en la cinematografía, conocido en buen castellano como "Director's Cut".

Esa es la manera particular, muy personal, en que el director de la película la visualiza incluyendo, en esa presentación muy suya, algunas escenas adicionales que no salen en la versión proyectada en las salas de cine.

SUEÑOS REALIZADOS

Usualmente, esta es la parte en que termina la historia de José en la escuela dominical, pero realmente todavía faltan capítulos en este libro y el epílogo de la historia que hemos venido desmenuzando. Sin esos capítulos extras, esta obra carecía de razón de ser porque hasta ahora queda sin contestar una de las preguntas existenciales más importante. La cinematografía de Hollywood nos ha acostumbrado a los finales felices, inmediatamente seguidos por los créditos con una música de fondo de tono triunfal, para que salgamos de las salas de proyección con una sonrisa dibujada en el rostro.

En realidad, esta historia tiene algo más

importante que un final feliz, tiene como misión descubrir un propósito, un para qué.

¿Qué sentido tendría que una persona pasara por todas las vicisitudes que pasó José, si no hubiera un propósito mayor que él mismo?

¿De qué valdría haber permanecido fiel a la fe en Dios y siguiendo los principios de fidelidad e integridad que le caracterizaron?

Precisamente, esa permanencia en la confianza de que estaba siendo llevado por Dios mismo a través de todo el atropellado proceso, eran condiciones necesarias para que, al llegar el momento de la consumación de sus sueños, pudiera actuar y comportarse de la forma en que lo hizo.

Cualquier otro, sin esos valores que le acompañaron en todo el proceso, estaba destinado a convertirse en un verdadero villano, con suficientes poderes para desquitarse de todos los sufrimientos y de todos los que los causaron.

Llegar al poder del imperio más influyente de Medio Oriente, era solamente el primer paso en la nueva etapa para ver sus sueños realizados.

En ningún momento debemos pensar que cuando fue reclutado por el mismo Faraón para ser el primer ministro de la nación, con poderes plenipotenciarios y todo lo que eso representaba, sus sueños ya se habían realizado.

Faltaban aún por llevarse a cabo unas acciones dolorosas, pero muy necesarias, para que se cumpliera el propósito para el cual José había llegado al sitial de poder y autoridad que ahora ostentaba. Ese es precisamente el tema del siguiente capítulo.

8

TIEMPO DE AJUSTAR CUENTAS

Y hablando entre ellos, dijeron: "Es obvio que estamos pagando por lo que le hicimos hace tiempo a José. Vimos su angustia cuando rogaba por su vida, pero no quisimos escucharlo. Por eso ahora tenemos este problema. ¿No les dije yo que no pecaran contra el muchacho? —Preguntó Rubén—. Pero ustedes no me hicieron caso, ¡y ahora tenemos que responder por su sangre!". -Génesis 42:21, 22.

Ahora es cuando realmente adquiere sentido todo lo ocurrido anteriormente. Ya José se había convertido en el hombre poderoso que había visto en sus sueños. Casi de forma lógica se fue desarrollando la serie de acontecimientos que llevaría a que las espigas del primer sueño se inclinaran delante de él. Eso sucedió cuando sus hermanos fueron a Egipto a comprar granos la primera vez. El soñador de la túnica de colores tenía ahora el poder de desatar su terrible venganza contra todos los que le hicieron mal.

Lo sorprendente es que no hubo tales actos de venganza. No se le pagó a nadie de acuerdo a lo malo que había hecho. No se devolvió el golpe traicionero. Ni siquiera hubo reproches ni culpas ni acusaciones.

En cambio, José llevó a cabo un ajuste de cuentas que, con toda precisión, se pudiera describir como elegante.

Esa lección que llevó a cabo, no tiene comparación alguna con lo que cualquiera que haya pasado lo que él paso, hubiera hecho.

Es en esta etapa de la historia de José que se demuestra su carácter afable y templado de una manera inequívoca.

¿Qué pudo haber causado que él actuara en la

forma en que lo hizo?

Hubo una sola cosa que mantuvo a José en el camino recto a través de toda su odisea, que lo mantuvo, además, libre de recoger un bagaje innecesario e inútil para la grandeza que le esperaba. Se mantuvo fiel a Dios y a sus promesas, con la firmeza de carácter que le sostuvo y le guio todo el camino hasta el mismísimo trono de Egipto.

Usualmente las personas se llenan de amargura, rencor y hasta de ingratitud al atravesar el valle de sombra de muerte. Ese no fue el caso de José.

Esas cosas son las que marcan a muchos líderes que, cuando llegan a ostentar una posición de autoridad, se comportan de una manera despótica, abusiva, áspera en el trato o, en el mejor de los casos, distantes y aislados de aquellos a los que deben servir con amor y por amor.

Algunos líderes desarrollan una rutina de venganza y se ocupan en retribuir por sus propios medios, a aquellos que en algún momento de su caminar hacia el palacio, le fueron obstáculo de forma deliberada o accidentalmente. ¡Cuántos líderes amargados echan a perder las obras de grandeza que pudieran realizar!

Esa amargura frecuentemente sobrepasa el talento y la experiencia que pudieran haber adquirido con el paso del tiempo y a través de condiciones hostiles.

Puede que se manifiesten amables cuando el ambiente es propicio, pero cuando llega la presión, el desacuerdo o tienen que enfrentar la oposición, actúan de acuerdo con la amargura que albergan en el interior y desatan su furia contra todos los que se encuentran a su paso, sin distinguir entre líderes ni subordinados.

¿Cómo usó José su poder para enfrentar a sus desleales hermanos? Aquellos fueron los mismos que lo habían mirado con envidia, lo trataron de forma desleal, lo menospreciaron y lo separaron de su tierra y su familia.

Todo ese poder lo usó con la sabiduría que Dios le dio, porque reconoció que todo lo malo que habían hecho en su contra, había sido usado por Dios para cumplir su propósito.

José comprendió que ese propósito divino era mayor que su familia, su sufrimiento y sus circunstancias. Era mayor que él mismo y reconocerlo de esa forma tan humilde, le abría las puertas hacia la verdadera grandeza.

Durante sus años mozos, eran sus hermanos mayores los que llevaban el rumbo de la familia; ahora José tenía el poder de dictar el destino para el cual había sido señalado.

Las reglas del juego ahora eran puestas por él y no había modo de perder. Sus hermanos mayores se sometían a los dictados de aquel joven al cual vendieron con descuento varios años antes. Se estaba cumpliendo el primer sueño.

LECCIONES DE FAMILIA

Cuando los hermanos de José llegaron a Egipto a abastecerse de provisiones para sobrevivir durante los años de la hambruna, que ya había arropado a los egipcios y afectaba a las naciones vecinas, llevó a cabo una lección magistral que tendría consecuencias duraderas para los siglos por venir.

De una manera elegante, los colocó en aprietos, fríamente calculados, que tuvieron el efecto de hacer que sus hermanos mayores reconocieran su culpabilidad.

Los aprietos en que los colocó, hicieron que reflexionaran en su propia maldad, algo que resultó mucho mejor que usar los reproches y los señalamientos directos.

La envidia, la deslealtad y el menosprecio que mostraron hacia su hermano menor, ahora salían a flote sin mucho aspaviento.

Caían en tiempo por su propio peso y aunque todavía no sabían que el gran funcionario egipcio era su hermano, el mismo que vendieron con descuento a los ismaelitas, sabían que actuaron con deslealtad y se dejaron llevar por la ceguera de su propia maldad.

En este punto estaban matriculados, sin que lo supieran, en la escuela de la lealtad familiar. Aprenderían que, sobre cualquier diferencia estúpida, la familia es familia. Era una lección de suma importancia para ese grupo de bandidos que constituirían más adelante la nación que Dios formaría para sí mismo.

Ser parte del pueblo de Dios requiere integridad, un carácter firme y mucha fidelidad; los hermanos de José necesitaban esas cualidades con carácter de urgencia.

Eso era precisamente lo que estaban aprendiendo los hermanos de José.

Había transcurrido un año completo desde la primera vez que los hermanos de José fueron a Egipto. Uno de ellos, Simeón, había quedado en la cárcel como garantía de que al regreso traerían consigo a Benjamín, el hermano menor.

Mientras tanto, en Canaán, Jacob se negaba a enviar a Benjamín junto a sus hermanos a comprar provisiones en Egipto, porque creía que José en realidad había muerto y Simeón había quedado prisionero; arriesgarse a perder al otro hijo de Raquel era, simplemente inconcebible.

Pero el hambre apretaba aún más y se hacía necesario adquirir más provisiones...

Llegado el momento en que era obligado ir nuevamente a comprar provisiones, para convencer a Jacob de que dejara ir a Benjamín con ellos, Judá, en un acto de responsabilidad que no había mostrado antes, se hizo responsable del muchacho, jurando que cargaría con la culpa si algo malo le llegara a ocurrir en el viaje.

Era latente en el ánimo de aquellos hombres que estaban aprendiendo y aplicando una lección que nunca antes habían tenido.

Judá mostró una lealtad hacia su hermano menor que no había mostrado para con José, cuando conspiraron en su contra. Algo bueno estaba ocurriendo, algo que ellos no acababan de entender.

Cuando llegaron a Egipto, se reportaron con el administrador que José había nombrado para que los atendiera. Pronto comenzó la lección de honestidad, cuando se disponían a devolver el dinero que les habían devuelto en su primer viaje, algo que los había llenado de temor.

Pero lo más aterrador para ellos era que estaban convidados a almorzar con el alto funcionario egipcio, de tal manera que llegaron a creer era una trampa para acabar con ellos.

La conciencia seguía acusándolos y atormentándolos, impidiendo que pudieran ver que toda esa bondad hacia ellos era sincera y desinteresada.

Luego del banquete fueron despedidos de manera amable, pero aún les faltaba el examen final que comprobaría que habían aprendido las lecciones de familia que los convertiría en hombres leales y responsables los unos de los otros.

Esa prueba terrible se dio en el marco del incidente en el cual la copa de José se había puesto en los costales de trigo que llevaría Benjamín, por todo el camino de regreso hacia Canaán.

Imagínate el sentimiento de deslealtad que ellos experimentaron, al pagar con traición toda la confianza que el "funcionario" de Faraón había depositado en ellos al invitarlos a su propia casa. Una vez más experimentarían la sensación de haber actuado mal cuando debieron haber actuado bien.

Todo el odio, envidia y menosprecio que mostraron hacia José en su adolescencia, estaba siendo revivido en la persona de Benjamín, el menor de los hermanos.

Al igual que José, Benjamín era hijo de Raquel y su padre Jacob lo había tenido en su vejez. A falta de José, Benjamín era como les dijo a sus hijos mayores antes del segundo viaje a Egipto: "él es todo lo que me queda".

En esta ocasión en que estaban presionados por la culpa, podían sentir dolor por el sufrimiento infligido a su padre cuando le hicieron creer que José había sido devorado por fieras salvajes.

Sentían que estaban pagando sus culpas todas juntas, cuando tuvieron que enfrentar la posibilidad de que Benjamín se quedara en Egipto, preso por haberle robado la copa del "gran señor" de la tierra.

Una vez más Judá, el cuarto hijo de la familia, dio muestras de verdadera redención cuando asumió su rol de hermano mayor como le había prometido a su padre. Su disposición a cargar con el castigo de su hermano, contrasta grandemente con la complicidad que mostró cuando atentaron contra José y lo vendieron a los ismaelitas.

La lección se estaba acercando a su fin y al parecer todos saldrían aprobados.

"LES HABLÓ AL CORAZÓN"

Cuando finalmente José reveló su identidad ante sus hermanos, se desencadenó una gran cantidad de sentimientos que variaban desde alegría hasta el temor de llegar a ser castigados. Todas las espigas del primer sueño de José ahora estaban inclinadas ante él, temerosas hasta de levantar la mirada ante el poderoso e imponente señor de Egipto. ¿Cómo podrían ellos mirarlo a los ojos luego de todo lo que le habían hecho y todo lo que sufrió después? La culpabilidad les acompañaría por muchos años más, a pesar del perdón recibido.

Ciertamente, José había sido objeto de las malas acciones de sus hermanos, aun así, con todo el poder que tenía como primer ministro de Egipto, cargaba con una gran responsabilidad sobre sí mismo.

Como en toda relación, la suya con sus hermanos era sumamente desigual.

Él era muy poderoso, aunque antes era el muchachito consentido de su padre.

En aquella relación desigual, el más fuerte tenía que asumir muchas más responsabilidades que los más débiles, el más sabio tenía que dirigir a los demás con paciencia y el más afluente debía proveerles el sustento con liberalidad.

José demostró ese balance entre autoridad y delicadeza, en su trato con sus hermanos. Cuando les reveló su identidad, ellos sintieron el temor de que alguien en su posición de poder y autoridad, los aplastaría como bien se lo merecían. Pero no sucedió de esa manera.

Soy José, su hermano, a quien ustedes vendieron como esclavo en Egipto. Pero no se inquieten ni se enojen con ustedes mismos por haberme vendido. Fue Dios quien me envió a este lugar antes que ustedes, a fin de preservarles la vida.
-Génesis 45:4b, 5.

A pesar de la acusación contenida en sus palabras, José hizo énfasis en que todo el asunto iba de acuerdo al propósito de Dios y que, por lo tanto, guardarles rencor por lo que hicieron era algo inaceptable.

Solamente recuerdo otros tres pasajes en la Escritura que recogen ese mismo balance: el relato de la mujer sorprendida en adulterio y llevada ante Jesús por los fariseos, el malhechor en la cruz que reconoció su propia culpa, mientras confesaba su fe en el futuro establecimiento del reino de Dios y durante el encuentro con Simón Pedro a orillas del Mar de Galilea, luego de la resurrección de Jesús.

Esas tres personas habían hecho cosas terribles que atormentaban su conciencia y en vez de recibir palabras de reprensión, recibieron palabras de perdón de labios de la persona más poderosa del universo.

¡Qué diferente a la experiencia de Job con sus

"amigos"! Qué distinto de los modernos consejeros que insisten que el sufrimiento es un efecto que responde a una causa.

Pareciera que, en lugar de tratar de sacar a alguien del lodo, los que tienen la fuerza para levantarlos, más bien quisieran acabar de hundirle la cabeza completamente.

Afortunadamente, hay personas que han pasado por tiempos difíciles, de carencia, pérdida de la salud, rompimientos dolorosos y muchas otras "vacaciones" como esas, que pueden entender el dolor ajeno y acercarse con el bálsamo de afecto y solidaridad que puede liberar y sanar.

No escribo estas cosas para mirar con malos ojos a las personas que se convierten en verdaderos diablos acusadores que señalan con el dedo a los que fallan. La intención de mi corazón es que tú que estás leyendo este libro, sepas la gran responsabilidad que ha caído sobre tus hombros.

Una de las cosas que debes saber, estimado lector, es que las personas que atraviesan serias dificultades y salen airosas, están en una excelente posición para ayudar, afirmar y fortalecer a otros que atraviesan por cualquier dificultad.

Ese es el significado de la palabra "consolar" en el Nuevo Testamento. El consuelo es mucho más que un paño de lágrimas. Es ayudar a otros a enfrentarse a la vida con valor y determinación, con toda la ayuda que tú puedes y debes brindarles. (2da. Corintios 1:3-7)

> *"Solo una persona verdaderamente poderosa puede manifestar un balance entre autoridad y delicadeza". - Michael Youssef, en "Liderazgo al estilo de Jesús".*

Finalmente, José hizo traer a toda su familia para que viviera en Egipto y cuidó de todos ellos durante el resto de los años que duró la hambruna. Ellos se establecieron en la tierra de Gosén y allí murió Jacob.

Luego de sepultarlo, resurgió en los hermanos de José, el temor de la venganza por todo el daño que pensaron y ejecutaron contra él, pero en cambio recibieron nuevamente palabras de perdón y reconciliación.

> *Ustedes se propusieron hacerme mal, pero Dios dispuso todo para bien. Él me puso en este cargo para que yo pudiera salvar la vida de muchas personas. No, no tengan miedo. Yo seguiré cuidando de ustedes y de sus hijos. Así que, hablándoles con ternura y bondad, los reconfortó. -Génesis 50:20, 21 (NTV).*

TODO POR LA FUTURA NACIÓN

Las lecciones que les dio José a sus hermanos, tendrían una trascendencia duradera en la historia de la nación de Israel. Sentaron las bases para desarrollar un sentido de pertenencia, propósito, lealtad y temor de Dios, que los sostendría a través de cuatro siglos de esclavitud en Egipto, cuarenta años de peregrinación en el desierto, sobrevivir el tiempo de los jueces y llegar al tiempo de mayor esplendor, durante el reinado de Salomón.

Pasado ese tiempo de gloria, la nación tuvo que padecer la división del reino tras violentar el pacto con Dios, sus ciudadanos tuvieron que pasar tiempo de cautiverio en Asiria y Babilonia, para regresar posteriormente a su propia tierra y comenzar todo de nuevo.

También experimentaron ser conquistados por un imperio tras otro, volver a ser dispersados nuevamente por todo el mundo y regresar a ocupar su tierra, luego de casi dos mil años ausentes de ella.

Aún se mantiene viva la esperanza de que, en futuro no muy distante, puedan vivir juntos como familia, bajo el reinado del Mesías.

El mismo que los visitó y fue rechazado por ellos.

El mismo que padeció la envidia, deslealtad, menosprecio, rechazo y la muerte, de la misma forma que José cuando los hermanos actuaron en su contra.

Evidentemente, no había lugar en la mente y el corazón de José para actuar de una forma vengativa que lo llevara a pagar a sus hermanos con la misma moneda, sino que actuó de manera firme e intencional, para que ellos aprendieran la lección más importante, sin seguir lamentándose y trayendo a memoria todo el daño que habían hecho.

Lo que ellos experimentaron solo lo podían ver y asimilar desde su limitada visión humana. Pero la historia puede verse desde otro ángulo.

9

MIRANDO DESDE ARRIBA

José les dijo a sus hermanos: «Yo pronto moriré, pero ciertamente Dios los ayudará y los sacará de esta tierra de Egipto. Él los hará volver a la tierra que solemnemente prometió dar a Abraham, a Isaac y a Jacob». Entonces José hizo jurar a los hijos de Israel y les dijo: «Cuando Dios venga a ayudarlos y los lleve de regreso, deben llevarse mis huesos con ustedes».
-Génesis 50:24, 25.

El propósito de Dios se cumplió por medio de José, para afianzar las bases de la futura nación. También afianzó el poder de Faraón por medio de la administración de las cosechas de los siete años de abundancia y la forma en que la distribuyó durante los siete años de escasez.

Gracias a la gestión de José, Faraón se volvió mucho más poderoso que antes de reclutar a José como primer ministro de Egipto.

Cuando el hambre azotó con furia, a partir de los primeros dos años, los egipcios se quedaron sin dinero para comprar más alimentos.

Entonces tuvieron que vender sus propiedades para ser alimentados por algún tiempo y, finalmente, ellos mismos se vendieron como esclavos, a cambio de ser alimentados por Faraón.

Así es como Faraón se convirtió en dueño y señor de todos los ciudadanos y de todas las propiedades del país.

Pocas son las historias acerca de un subalterno que haga más poderoso a su superior. Casi nunca nos enteramos de esas oscuras acciones que enriquecen la vida y poder de una empresa, una organización o una nación.

Ese tipo de heroísmo, al estilo de José, es sumamente escaso y, en las pocas veces que se manifiesta, apenas se enteran los pocos involucrados y nada más.

Vivimos ahora en una sociedad de competición, donde solamente se reconoce el número uno, el primero, el más sobresaliente. A nadie le anima la idea de ser o reconocer al segundo, ¡qué pudiéramos esperar del décimo!

Perdemos muchos talentos gracias a la ingratitud y la falta de reconocimiento del esfuerzo sincero y desinteresado que realizan las personas detrás de las bambalinas, lejos de las luces de colores y de los escenarios.

Pues quiero recordar que José fue un "número dos" ampliamente más poderoso que muchos "número uno". Tuvo mucha más relevancia y tuvo también mucha más vigencia.

No fue sino hasta el tiempo de la cautividad que la nación de Israel necesitó una intervención de alguno de sus hijos, para preservar a la nación de ser exterminada.

Ocurrió cuando la reina Ester, en un acto de valentía y humildad, sacó la cara a favor de los israelitas que fueron llevados al cautiverio por los babilonios.

En ese sentido las acciones de José, superan la liberación de Moisés y los jueces y los reyes que les sucedieron. Es posible que hayamos subestimado la obra de José, favoreciendo otros hechos más espectaculares, al estilo de Hollywood.

OTRA VISIÓN DE LA MISMA HISTORIA

José era el hijo favorito de Jacob, porque lo tuvo de su esposa favorita, Raquel. El niño fue creciendo muy engreído y consentido por su padre. Sus hermanos no soportaban aquellos aires de principito, pero lo toleraban pensando que, con el tiempo, iba a poner los pies en la tierra.

La copa de la paciencia se desbordó cuando el "pequeño principito" tuvo sus sueños de grandeza en los cuales él llegaba a ser más importante que sus hermanos mayores y recibía honra y pleitesía tanto de ellos como de sus propios padres.

Había que hacer entrar en razón al muchacho, así que se pusieron de acuerdo y lo enviaron al extranjero a estudiar en la "Universitas Potifarensis", donde completaría un bachillerato en administración de empresas.

Luego de haberse graduado con honores, el muchacho fue referido para realizar una maestría en administración pública en "Jail University"[1].

En el transcurso de sus estudios de maestría, José conoció a dos importantes funcionarios del gobierno con los que compartió un semestre.

---

1   La palabra "Jail" significa cárcel, en castellano. Se pronuncia igual que "Yale", una prestigiosa universidad de los Estados Unidos.

Dos años después de haber conocido a los funcionarios de gobierno, el presidente de la nación necesitaba un consejero con destrezas organizativas y administrativas, por lo cual el funcionario dio buenas referencias del hombre que había conocido en Jail y se arregló una entrevista para evaluarlo.

Durante la entrevista con el mismísimo presidente de la nación, el hombre demostró, de manera humilde, que tenía la capacidad para ocupar el cargo de primer ministro y se le empleó inmediatamente.

Además de todo lo anterior, su padre Jacob le otorgó los derechos de la primogenitura; eso se evidencia en que le tocaban dos porciones de terreno en la conquista de la Tierra Prometida.

Así es como el Director de la obra vio la película. Así es como José la vio, por la fe en Dios que lo mantuvo firme y enfocado en el cumplimiento de sus sueños.

Por esa razón ocupó su tiempo y su vida en llenarse de sabiduría de lo alto, en vez de infectarse a sí mismo con estúpidos rencores, amargura y deseos de venganza.

Esa es la razón por la cual pudo recibir a sus hermanos y darles una lección, dolorosa pero necesaria, para que aprendieran que "familia es familia y cariño es cariño"[2].

Por esa misma razón pudo decirles lo mal que habían obrado, sin ser acusador ni condenador, sino sanador y conciliador.

―――――――――

2   Frase de una canción interpretada por Rubén Blades.

¡Qué mucho tenemos que aprender de esa oscura historia de la Biblia!

COMO MIRANDO AL INVISIBLE

Ciertamente, es imposible mantenerse firme, de la manera que José lo hizo, aferrándose únicamente a sus sueños. También tuvo la necesidad de mantenerse aferrado a la fe en Aquel que puso esos sueños en su vida. Sin Dios, los sueños son solamente ilusiones que se desvanecen ante la triste y cruel realidad.

He conocido personas que han visto sus sueños desvanecerse ante adversidades y circunstancias mucho más simples que las que atravesó José.

También sé de personas echar a perder la realización de sus sueños porque se abalanzaron a destiempo a concretarlos por sí mismos, sin contar con la intervención divina.

Aún otros han visto el principio de la realización de sus sueños, pero los han echado a perder ellos mismos, porque no se dieron el tiempo de desarrollar un carácter firme y honesto como hizo José.

Abandonaron sus principios morales, su nobleza y hasta empeñaron la vergüenza, porque perdieron de vista el "para qué" habían llegado al sitial en el que los puso Dios.

Pero los soñadores más comunes, los que todavía sigo encontrando a mi paso por esta breve existencia, son aquellos que andan pavoneándose de aquello que aspiran ser y, por esa misma jactancia intempestiva, n0 llegan a ver realizado aquello que pudieron haber sido.

En la epístola a los hebreos, el autor nos comparte dos listas en el capítulo once. En la primera lista están aquellos héroes vencedores, ganadores, conquistadores...

En la segunda lista están los otros héroes, los perdedores, los olvidados, los desechados porque no cumplieron con los estándares de este mundo.

Es un contraste enorme entre héroes y mártires; unos y otros tenían la misma fe en Dios; ambas listas nombran personas que se mantuvieron firmes en sus principios. Unos vencieron por esos principios y otros murieron por mantenerse firmes en ellos.

Solamente recordamos a los de la primera lista. Nuestra mente cautivada por la forma en que Hollywood cuenta las historias y define el heroísmo, nos impulsa a abrir los púlpitos a los de la primera lista, pero no nos permite bregar con los héroes de la otra.

Si fuera contado junto con los demás héroes de la fe, antiguos, modernos y contemporáneos, Jesús estaría en la segunda lista.

Procura convertirte en un segundo al mando, como ningún otro.

10

UNA LECCIÓN PARA NUESTRO TIEMPO

Esas cosas les sucedieron a ellos como ejemplo para nosotros. Se pusieron por escrito para que nos sirvieran de advertencia a los que vivimos en el fin de los tiempos.

– 1 Corintios 10:11

El apóstol Pablo escribió esa exhortación a los Corintios durante el primer siglo de la iglesia. Han pasado veinte siglos y su exhortación mantiene la misma vigencia que cuando se escribió. Ahora tenemos muchos más héroes de la fe que los que Pablo podía recordar, sin embargo, todos esos héroes adicionales desde la fundación de la iglesia, tienen las mismas características morales y espirituales que los héroes que les precedieron.

Nosotros que vivimos en los tiempos finales, tenemos el gran desafío de reflejar la luz divina a nuestra propia generación, como antaño lo hizo José.

Los tiempos de crisis como los que estamos atravesando son, en realidad, la mejor oportunidad de brindar al mundo soluciones que provienen de la mente misma del Creador del universo.

¿Alguna vez te has preguntado cómo pudieras ser usado por Dios para ofrecer respuestas cargadas de sabiduría a esta generación que parece saberlo todo? Yo también lo he pensado.

Posiblemente hayas experimentado ese sentimiento de inadecuación que hace que se te seque la boca y la lengua se pegue al paladar y, en el momento crucial, quedar mudo sin saber qué decir en una situación difícil y delicada.

La respuesta está en reconocer que Dios ha estado preparando tu vida para cuando llegue el momento, de la misma manera que hizo con José.

Debes creer cuando afirmo que todo ese tiempo de sufrimiento, soledad, traición y menosprecio que has ha vivido, solamente apunta hacia una cosa: ser escogido desde lo que el mundo ha desechado para avergonzar a los expertos.

Definitivamente, debemos coincidir en que eso solamente es posible si reconocemos a Dios como el origen y la meta de nuestra fe, estando seguros de que él nos ha llamado a ser parte de su reino, como discípulos y servidores, cada evento que nos ocurre, sea grato o doloroso, es para afinar en nosotros el propósito de Dios en nuestras vidas.

Así ocurrió con el joven hebreo, así ha ocurrido con tantos de sus siervos a través de los siglos y así mismo está ocurriendo con nosotros en el tiempo presente.

Ahora bien, hay que poner atención a las advertencias que hallamos en el camino hacia el cumplimiento del propósito divino. No podemos pasar por alto que los obstáculos (por llamarlo de alguna forma) que encontramos en nuestro desarrollo cristiano, no deben ser excusa para que no cumplamos con nuestra responsabilidad de honrar a Dios con toda nuestra vida, incluyendo haber pasado por el valle de sombra de muerte y otras amenidades similares.

Las penurias de José fueron diseñadas para

aniquilarlo junto con todos los sueños de grandeza que había recibido de parte de Dios. Prácticamente le dieron con todo.

Sin embargo, llegado el tiempo señalado por Dios, él estuvo preparado cabalmente para ocupar el lugar que le había sido reservado en la historia humana.

EL MUNDO NECESITA LÍDERES

Nuestro siglo, más que nunca, necesita líderes, buenos líderes. Personas que tengan valor suficiente para vivir con una conciencia superior a los estándares modernos; líderes que sean el buen ejemplo que las demás personas quieran seguir. El mundo necesita líderes éticos que vivan de acuerdo a la verdad y estén dispuestos a padecer por sus principios.

Los líderes de moda solamente mienten, engañan, estafan a sus seguidores y se alimentan del trabajo y sacrificio de los más humildes.

Dios quiere líderes que imiten a Jesucristo en todos los aspectos de su vida pública y privada. Hombres y mujeres que antepongan la voluntad de Dios al mal llamado "libre albedrío".

La historia nos enseña que, en momentos cruciales y difíciles, se levantaron líderes serios, capaces y cabales que demostraron un alto sentido de responsabilidad y sacrificio personal.

Parece que esos líderes se extinguieron con el tiempo, pero eso no es del todo cierto. Existen personas comunes y corriente siendo formadas en el silencio de la cotidianidad para que estén listos en el momento de prueba que se avecina sobre el mundo.

No son de la especie que le gusta el protagonismo y la espectacularidad, sino servidores que saben trabajar tras bambalinas sin procurar para sí mismos el crédito de lo que hacen, sino que reconocen que toda la gloria y toda la honra le pertenecen al único y sabio Dios.

¿Eres tú uno de esos líderes que Dios está formando? Resiste un poco más, pasa esta prueba, porque si no la apruebas, tendrás que repetirla.

No es necesario que atravieses por el desierto para llegar a la Tierra Prometida. La rebeldía sin sentido y la desobediencia son la causa de divagar por el desierto, siempre a tres días de camino del destino anhelado.

Sométete al proceso de Dios. Él quiere hacerte bien. Quiere transformar tu vida para que seas capaz de cumplir con su propósito en la vida. Deja de resentir los malos momentos, los tiempos de debilidad, la enfermedad, la carencia de las posesiones más elementales; recuerda que todas las cosas ayudan a bien a los que aman a Dios.

Además, lo más importante es la enseñanza que sale de todo este proceso; hay muchas lecciones que aprender y estamos matriculados en esta escuela de vida. Lo mejor que puedes hacer es salir como obrero aprobado que no tiene de qué avergonzarse.

Resulta sorprendente cómo nos desviamos del camino trazado por Dios, solamente porque no entendemos sus caminos.

Primero, no fuimos llamados a entender sino a obedecer; esa confusión de roles nos ha costado muchos dolores de todo tipo que no necesitábamos.

Segundo, el proyecto no es nuestro, apenas debemos sentirnos privilegiados porque somos obreros en la empresa de Dios.

Tercero, cuando obedecemos, adquirimos la capacidad de entender todo el proceso. Eso hace que el asunto sea aún más sorprendente.

Cuando ocupamos posiciones directivas queremos que las personas actúen bajo nuestras órdenes sin cuestionarlas. Precisamente lo mismo que no hacemos cuando nos habla Dios y dudamos de su palabra, buscamos confirmación y, una vez la obtenemos, buscamos reconfirmación antes de obedecer.

Solamente las personas obedientes al llamado del Señor deberían ocupar posiciones de liderazgo. Ese es un principio de autoridad que nos enseñan los evangelios.

El centurión romano, cuyo siervo estaba enfermo, cuando acudió a Jesús reconociendo su poder y su autoridad, le dijo que no era necesario ir a su casa, sino que solamente diera la orden y sería cumplida.

Él era un hombre bajo autoridades superiores y, a la misma vez, tenía subalternos. Conocía por experiencia cómo funciona una cadena de mando: obedecer a los superiores y ordenar a los subalternos.

El hecho es que, en la milicia, todo fluye

ordenadamente en ambas direcciones y, cuando se causan disturbios en la cadena de mando, se pueden recibir severas sanciones.

Muchos quieren llegar al liderazgo sin estar sujetos a las autoridades superiores. Hemos desarrollado ese falso sentimiento de independencia y autosuficiencia que nos lleva a cometer los disparates más descabellados.

Hemos terminado admirando a Jesús, el siervo obediente e imitando a Satanás, el siervo altivo.

Querido Sabelotodo: Dios busca líderes como Jesús, dispuestos a exaltar al Padre; ser otro tipo de líder solamente abonará a convertirnos en discípulos del mismísimo diablo.

Ese no es el tipo de líderes que el mundo necesita.

11

DIOS QUIERE SANARTE

*Y llamó José el nombre del primogénito,
Manasés; porque dijo: Dios me hizo olvidar
todo mi trabajo, y toda la casa de mi padre.
Y llamó el nombre del segundo, Efraín,
porque dijo: Dios me hizo fructificar en la
tierra de mi aflicción. – Génesis 41: 51, 52.*

Nuestro mundo está enfermo. La gente está enferma. Eso se debe a un problema que surgió al principio de la humanidad y cuya solución fue provista por Dios mismo al sacrificar a su único hijo como propiciación por todos nosotros. La acción del Padre evidencia que su deseo es que seamos sanados para que su propósito se cumpla en el mundo.

Probablemente estés pensando que para servir al prójimo necesitas estar en una condición perfecta. Muchas veces nos encontramos dudando de nuestras capacidades y pensamos que no estamos listos para actuar, incluso en las cosas más insignificantes.

Aprendemos a actuar con tanta cautela y temor que casi siempre terminamos por abandonar hasta el más recóndito deseo de hacer algo para mejorar las cosas que nos rodean.

Terminamos siendo personas con ausencia de iniciativa y formando parte del grupo de los que observan, se indignan y critican, pero no componen nada.

Ya sabes, el movimiento de los que quieren cambiar el mundo desde la comodidad del sofá, con aire acondicionado y piña colada a su gusto.

¿QUÉ SIGNIFICA SER SANADO?

La vida pega duro. A veces muy duro. Algunos se levantan, se soban los golpes y siguen la marcha. Otros se quedan caídos demasiado tiempo, viendo cómo la vida continúa sin ellos. No es fácil, pero es posible la recuperación.

Hay dos escenarios posibles cuando se pasa por períodos dolorosos, ya sea por pérdida de un ser querido, fracaso amoroso, quiebra financiera y muchas otras cosas. Podemos rendirnos o podemos continuar con nuevas fuerzas y renovada experiencia.

Mejor dejar el pasado atrás, donde pertenece. Se puede usar la fuerza de la adversidad para fortalecer el carácter para afrontar el presente y el futuro.

Cada día es una oportunidad para crecer, porque la vida sigue su agitado curso gracias o a pesar de nosotros. Somos más que lo que aparentamos por fuera.

Tenemos una vida plena que vivir y no podemos dejar que nadie la controle y que las circunstancias dominen lo que podemos, debemos y tenemos que hacer en nuestro beneficio y por el bien de los demás.

¿Cómo está tu salud espiritual? ¿Qué puedes decir de tu salud financiera? ¿Tus relaciones? ¿Existe algo que puedas hacer para lograr la sanidad en esas y otras áreas de tu vida?

Somos seres integrales, enteros, completos. O si prefieres "holísticos", sin caer en el misticismo.

Es por eso que, muchas veces, no nos sentimos

completamente sanados, a pesar de que sentimos una sensación de bienestar en algunos aspectos de nuestra vida.

Ahora bien, de vuelta a las preguntas anteriores, ya que las debes haber digerido un poco, te cuento que hubo varios puntos de inflexión (frase dominguera que significa que me di duro contra el muro) por los que entré en el proceso de inventariar las áreas de mi sufrida existencia.

La sanidad implica restaurar relaciones, enderezar las finanzas, cuidar la salud física, mental y emocional, fortalecer el espíritu y aprender cosas que aporten a nuestro intelecto para aplicarlo a lo que somos y a lo que hacemos.

Como puedes observar en la lista de arriba, es nuestra responsabilidad actuar en acuerdo con Dios para lograr la sanidad en varios de los aspectos; tú tienes que hacer la parte que te corresponde y Dios hará la que te prometió.

Llegados a este punto, es bueno recordar el inicio de este capítulo y no quedarnos en conocimiento solamente.

El análisis solo sirve para diagnosticar el mal; el tratamiento es necesario para corregir el mal y eso significa que debemos actuar.

José comenzó haciendo pequeñas cosas antes de llegar a realizar su obra más grande. Cuando tuvo los sueños, no tenía el conocimiento, la experiencia ni la oportunidad de verlos realizados.

Afortunadamente, él tenía carácter, fe y confianza, para obtener lo necesario en el camino.

Lo importante es empezar y desarrollar la costumbre de atender las cosas pequeñas, aunque parezcan insignificantes, hasta que Dios cumpla su propósito en ti.

PERDONAR ES LA CLAVE

Una mirada a nuestra trayectoria puede mostrarnos las heridas que hemos acumulado al paso del tiempo. Tenemos cicatrices que marcan el cuerpo, el alma y el espíritu. Eso puede hacernos sentir con derecho a ser amargados y rencorosos, pero eso solo perpetuará los golpes iniciales.

José tuvo el tiempo suficiente para pensar en mil y una maneras de vengarse de sus hermanos y de la esposa de Potifar cuando llegara el cumplimiento de sus sueños.

Pudo haber actuado de otra forma cuando sus hermanos llegaron a Egipto. Quizás pudo haberse convertido en un gobernante indolente y maltratar a los que estuvieran bajo su señorío.

No puedes llegar a ser un líder o guía de otros si no te desprendes del rencor, la ira o indignación por el mal que te han hecho, por las oportunidades que te han negado, las ideas que te han robado y por no darte el reconocimiento que tu esfuerzo merece.

Perdona a todos y también pide perdón. También

tú, al igual que yo, has lastimado a otros con tus acciones. No lo hiciste con maldad, pero causa el mismo dolor a quien lastimaste.

El perdón trae sanidad a quien lo otorga y a quien lo recibe. Es la llave que abre las puertas de la prisión del rencor en que te encuentras cautivo y es el camino a la libertad de quien te ha hecho mal.

"SÉ SANO"

No permitas que el menosprecio de los demás defina el potencial que tienes. Haz todo el bien que puedas, a cuantos puedas hacerlo y mientras tengas los recursos para hacerlo. No importa si lo agradecen o no, porque tu recompensa no depende de nadie más que de Dios y la da a su tiempo con grandes honores.

Hay muchas decisiones que debes tomar ahora, hoy mismo, sobre asuntos del presente que definirán tu futuro. ¿Qué esperas para empezar? Tienes una gran oportunidad en tus manos.

El mundo enfrenta muchos retos y desafíos que requieren atención. Mira a tu alrededor y verás muchos "expertos" que, desde la comodidad del sofá describen los problemas, critican el estado de las cosas y reparten culpas a diestra y siniestra. ¡Pero no mueven ni un dedo para solucionar algún problema pequeño!

En tus manos está todo el bien que puedes hacer por otros. Úsalas sabia y amorosamente.

12

LA DATILERA

"El justo florecerá como la palmera; Crecerá como cedro en el Líbano". -Salmos 92:12

Los griegos la llamaban "Phoenix" (φοίνιξ), el mismo nombre del ave legendaria que se levanta de sus cenizas. Crece en lugares desérticos o semi desérticos, desde China hasta el noroeste de África.

Los frutos son oblongo-ovoides, de color naranja, con pulpa carnosa y dulce, pasando a rojo-castaño al madurar. Los árboles duran entre 150 a 300 años.

Los árboles más viejos sufren por una especie de hongo, pero los más nuevos son inmunes a ese hongo porque segregan una resina que las protege del hongo y previene la deshidratación.

ÁRBOL CON PODERES SANADORES

Los dátiles tienen mucho tanino que es usado medicinalmente como detersivo (poder limpiador) y astringente intestinal. Se utiliza como una infusión, decocción, jarabe, o pasta, los dátiles pueden administrarse para ardor de garganta, resfriados, catarro bronquial y para combatir la fiebre. Otro uso es como desintoxicación del alcoholismo. El polvo de semillas también se usa en algunas medicinas tradicionales.

La goma exudada del tronco se emplea en la India

para tratar la diarrea y síndromes génito-urinarios.

Las raíces se usan contra dolor de muelas. El pólen rinde un principio estrogénico, la estrona, (hormona que apoya el embarazo) con efecto gonadotrópico en ratas jóvenes.

La palmera o palma se cotiza mucho en el mercado español y también en las exportaciones clandestinas; es muy importante la industria datilera y la confección de palmas, que son las ramas secadas por un proceso especial y a veces artísticamente trenzadas.

Estas hojas, llamadas simplemente palmas, fueron en la Antigüedad un símbolo de la victoria. Pueden verse en grabados de medallas como indicación de la conquista de alguna ciudad.

Era costumbre, además, otorgar una palma a los atletas y corredores de carros triunfadores.

SIMBOLOGÍA

En la iconografía cristiana la presencia de la palma en la mano del santo es indicación de haber sufrido martirio. Es muy probable que las hojas de palmas usadas durante la entrada triunfal de Jesús a Jerusalén, hayan sido de este árbol.

Pudiera ser debido al ambiente inhóspito en el que crece, florece y fructifica que puede simbolizar el triunfo de una persona frente las adversidades. Lo más significativo es que puede producir un fruto de mucha dulzura a pesar de la dureza de sus circunstancias.

El fruto se madura en el otoño, una vez ha pasado por el cálido verano. El calor abrasador del desierto haría que el fruto se dañara rápido si se produjera en el tiempo estival.

Sin embargo, en el otoño, cuando comienza a refrescar, el fruto tiene las propiedades ideales para durar mucho tiempo. El árbol pasa por la época más cálida, resistiendo tormentas y plagas, para florecer y dar lo mejor de sí.

"El justo florecerá como la palmera", dice el salmista.

No es que las flores sean lo más atractivo del árbol, eso solo significa que el fruto está a punto de producirse. Después de todo, "el árbol se conoce por su fruto", dijo Jesús.

¿CÓMO PUEDE ESTA PLANTA VIVIR SIN AGUA?

Este es uno de los secretos más sorprendentes de la datilera. Crece en medio del desierto, sin lluvia y sin agua en el subsuelo, sin embargo, puede vivir hasta 300 años.

Durante la noche, cuando las temperaturas bajan un poco, las hojas de la palmera extraen el agua del aire. La humedad es alta en medio del calor lo que permite a la datilera condensar la humedad, que se encuentra suspendida en el aire en forma de rocío.

Esas gotas de agua, microscópicas al principio,

se van uniendo hasta convertirse en gotas cada vez mayores.

A medida que aumentan de tamaño, las gotas se van desplazando hacia el centro de la penca y se unen hasta fluir hacia el tronco, hidratando la planta durante toda la madrugada.

Todo esto me recuerda algo:

Salmo de David, cuando estaba en el desierto de Judá
"Dios, Dios mío eres tú; De madrugada te buscaré; Mi alma tiene sed de ti, mi carne te anhela, En tierra seca y árida donde no hay aguas, Para ver tu poder y tu gloria, Así como te he mirado en el santuario".
- Salmos 63:1, 2.

Masquil de los hijos de Coré.
"Como el ciervo brama por las corrientes de las aguas, Así clama por ti, oh Dios, el alma mía. Mi alma tiene sed de Dios, del Dios vivo; ¿Cuándo vendré, y me presentaré delante de Dios? Fueron mis lágrimas mi pan de día y de noche, Mientras me dicen todos los días: ¿Dónde está tu Dios?"
- Salmos 42:1-3.

EDITORIAL
VERBO&PODER